Rudolf Baumbach

Wanderlieder aus den Alpen

Rudolf Baumbach

Wanderlieder aus den Alpen

ISBN/EAN: 9783743378575

Hergestellt in Europa, USA, Kanada, Australien, Japan

Cover: Foto ©Thomas Meinert / pixelio.de

Manufactured and distributed by brebook publishing software (www.brebook.com)

Rudolf Baumbach

Wanderlieder aus den Alpen

WANDERLIEDER

AUS DEN ALPEN

VON

RUDOLF BAUMBACH

MIT RANDZEICHNUNGEN

VON

JOHANN STAUFFACHER

UND EINEM HOLZSCHNITT NACH DEM GEMÄLDE VON ERNST HEYN.

LEIPZIG 1883.
A. G. LIEBESKIND.

ALLE RECHTE VORBEHALTEN.

AUFBRUCH.

Des Giebeldachs Fahne
Nach Süden sich dreht
Ich ahne, ich ahne,
Wozu sie mir räth.
Wie freudige Glocken
Durchklingt's mein Gemüth.
Sie rufen, sie locken:
„Frisch auf, nach dem Süd!"

Hervor aus der Ecken
Aus staubiger Ruh
Beschlagener Stecken,
Genagelter Schuh!
Ade Kameraden
In Dunst und in Qualm!
Man hat mich geladen
Zur luftigen Alm.

Willkommen Ihr Wände,
Du schimmerndes Horn,
Ihr Rebengelände,
Du rauschender Born,
Du Sennrin, du Ferge,
Du Jungfrau im Schnee,
Ihr Feien und Zwerge,
Ihr Nixen im See!

Um gestern und morgen
Bekümmre dich nicht
Und streife die Sorgen
Vom ernsten Gesicht.
Lass klingen und tönen
Ein Wanderlied hell
Und trinke des Schönen
Lebendigen Quell!

WAS ZIEHT DICH NACH DEN BERGEN?

Was zieht dich nach den Bergen
So übermächtig fort?
Vernahmst du von den Zwergen
Und ihrem reichen Hort?
Suchst du im Höhlengange
Von Dorngebüsch umhegt
Die weisse Zauberschlange,
Die eine Krone trägt?

Willst du zu sal'gen Frauen
In stille Thäler ziehn?
Willst du den Garten schauen
Des Königleins Laurin?
Willst du durch Eis und Firnen
Der Gletscherjungfrau nah'n?
Hat's eine von den Dirnen
Der Alm dir angethan?

Streifst du als Waidgeselle
Durch Busch und Felsenkluft?
Reizt dich die Berggazelle,
Der Adler in der Luft?
Suchst du nach Wurz und Kraute,
Lockt dich der Blumen Preis,
Des Joches duft'ge Raute,
Das zarte Edelweiss?

Wenn mir in Herz und Ohren
Der Menschen Jammer gellt,
Wenn ich mich selbst verloren
Im Kampfgewühl der Welt,
Wenn an der Freuden Singen
Der Kleinmuth mich beschlich,
Dann zieh' ich nach den Bergen
Und droben find' ich mich.

AM UNTERSBERG.

Tritt leise auf und wandle sacht,
Du liebe Augenweide,
Und sorge, dass kein Rascheln macht
Der Saum an deinem Kleide,
Und neige dein Ohr zu meinem Mund
Und athme leise und leiser. —
Dort drüben schläft in des Berges Grund
Karol der grosse Kaiser.

Er hat gestritten in Nord und Süd,
In Westen und in Osten
Nun sitzt der Alte schlummermüd,
Und seine Waffen rosten.
Drum still, du Traute, mauschenstill!
Und streife nicht an den Hecken,
Und schrei' nicht, wenn ich dich küssen will,
Dass wir den Kaiser nicht wecken.

EINSIEDELEI.

Das Einsiedelleben
Im schweigenden Wald,
Das ist's, was mir eben
Am meisten gefällt.
Ein härenes Röcklein,
Zwei Sandeln als Schuh,
Ein Dach und ein Glöcklein
Und Frieden und Ruh.

Steigt Morgens mit Blinken
Frau Sonne herauf,
Dann schmettern die Finken:
„Einsiedel, wach auf!"

Vergoldet das Walddach
Ihr röthlicher Schein,
Dann murmelt der Waldbach:
„Einsiedel, schlaf ein!"

Es labt ihn mit Beeren
Das Brombeergeheck,
Die Frommen bescheeren
Ihm Eier und Speck.
Der Brunn an der Mauer
Giebt kühlenden Nass,
Ein büssender Brauer
Das Bier sammt dem Fass.

Jüngst schritt ich im Düstern
Zur Waldklause hin.
Wie Lachen und Flüstern
Erklang es darin.
Da sang mir ein Liedel
Der schwatzhafte Staar:
„Jetzt ist der Einsiedel
Ein Zweisiedel gar."

BURG IM THAL.

Nebelschleier wob der Süd
Um die Himmelsleuchte,
Als ich wanderte wegemüd
Ueber das Moos, das feuchte
Blitzende Tropfen sanken schwer
Nieder vom Tannengeäste;
Sieh, da stieg aus dem Nebelmeer
Eine gewaltige Feste.

Mauern und Zinnen von grauem Stein
Sah ich zum Himmel ragen,
Und es schauten die Thürme drein
Trotzig, als wollten sie sagen:
„Eichen bringt der Sturm zu Fall,
Stolze Geschlechter vergehen,
Schutt und Moder überall,
Aber wir bleiben stehen."

Plötzlich glänzten im Sonnenstrahl
Wälder, Höhen und Wiesen.
Und die Mäntel sanken zu Thal
Von den ewigen Riesen.
Grüssend nahmen die Kappen ab
Rings die gewaltigen Berge,
Schauten lachend in's Thal hinab
Auf die prahlenden Zwerge.

RUINE IM WALD.

Es ging durch den Wald ein Schauern,
Die Holzaxt wetterte drein,
Pallas, Thurme und Mauern
Entstiegen dem Felsgestein.
Wo ehmals Tauben girrten
Und jagdfroh jauchzte der Weib,
Gerz und Brönnen klirrten
In Buhurd und Turnei.

Die Jahre kamen und gingen,
Es blasste des Hauses Glanz,
Es sank von den Thurmen und Ringen
Der ragende Mauerkranz,
Es baute der Tannenhäher
Im Burghof sich den Horst,
Näher, immer näher
Rückte der graue Forst.

Die grauen Flechten und Moose
Als Vorhut zogen heran,
Ginster und Heckenrose
Umspannen den hohen Altan.
Der Föhren Wurzeladern
Durchziehen Kluft und Spalt.
Es pflanzt auf zerfallende Quadern
Sein Banner der siegende Wald.

GEWITTER.

Scheu birgt sich das Gewild im Forst,
Der Falke flüchtet zum Felsenhorst,
Im Neste duckt sich der Ammer.
Der alte Thor ist aufgewacht,
Er reckt den Arm mit Asenmacht
Und schwingt den zermalmenden Hammer.
Es rauscht der See, es braust der Wald,
Die Blitze zucken, der Donner hallt.

Und vor des Donnrers Wagen zieht
Der Sturm und singt sein wildes Lied
Und pflügt des Sees Wellen.
Krallt euch, ihr Bäume, im Boden fest
Und neiget Gipfel und Geäst!
Der Starke will euch fällen.
Es rauscht der See, es braust der Wald,
Die Blitze zucken, der Donner hallt.

Die Wetterglocken rufen bang,
Es zieht die Angst am Glockenstrang,
Die Menschen beten und zagen.
Thor aber hebt die Götterhand
Und segnet mild das grüne Land,
Vorüber donnert sein Wagen.
Von Matte, Baum und Blüthenstrauch
Empor steigt duftender Opferrauch.

EINKEHR.

Drüben das Gebirg von Stein
Läuft mir nimmer fort,
Und ein kühles Wirthshäuslein
Ist kein schlechter Ort.
„Fasse die Gelegenheit",
Ist ein weiser Satz,
Und in meinem Eingeweid
Hat ein Trunk noch Platz.

Dirne mit dem Goldgeflecht,
Bring' mir einen Krug!
Dürste wie am Land ein Hecht.
Hei, das war ein Zug!
Mädel, gieb mir Blüth' und Blatt
Von dem Busenlatz.
Unter meiner Hutschnur hat
Noch ein Blümlein Platz.

Mädel, setz' dich her zu mir,
Mädel, sei gescheut!
Morgen bin ich weit von hier,
Darum küss' mich heut!
Komm, ich nehm' dich, wie du bist,
Lieber, blonder Schatz!
Schau, in meinem Herzen ist
Grad für dich noch Platz.

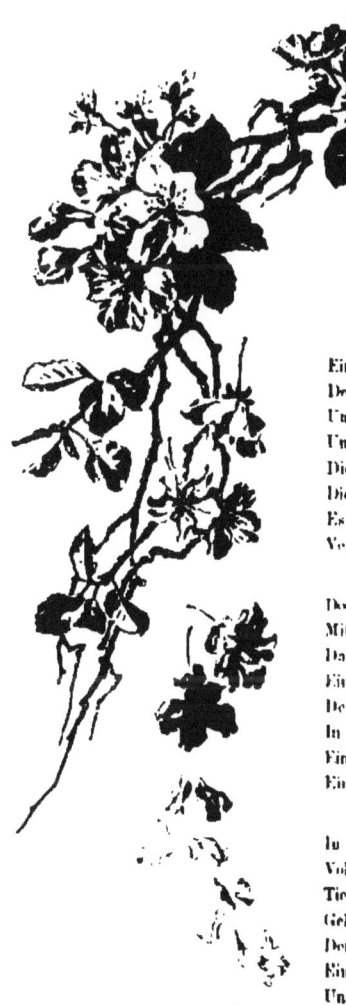

BERNINA.

Einst haben der Urzeit Riesen
Des Himmels Burg gestürmt
Und auf die Alpenwiesen
Unendliches Eis gethürmt.
Die Sonne schickt vergebens
Die glühenden Pfeile zu Thal;
Es ist am Grab des Lebens
Verschwendet ihr warmer Strahl.

Doch Greise kunden den Knaben
Mit gläubigem Gemüth,
Dass unter dem Eis vergraben
Ein Rosengarten blüht.
Der Zauber ist zu brechen,
In Grün zu wandeln das Eis.
Ein Wort nur ist zu sprechen,
Ein Wort, das niemand weiss.

In mir auch blüht ein Garten
Voll Rosen, Veiel und Klee
Tief unter dem erstarrten
Geländ von Eis und Schnee.
Der Zauber ist zu leben,
Ein einzig Wort ihn bannt,
Und dir, mein Licht und Leben,
Ist dieses Wort bekannt.

Und wolltest du es sprechen
Zu guter Stunde leis,
Es flösse hin im Rücken
Das aufgethürmte Eis,
Es dufteten Rosen und Flieder,
Es rauschten Bäume belaubt
Und Blüthen sänken nieder
Auf dein geliebtes Haupt.

KLOSTERKELLER AM SEE.

Droben in dem alten Baum
Rauscht das Laub im Winde,
Unten sprudelt edler Schaum
Aus dem Fassgebinde.
Wandervögel müd vom Flug
Droben Lieder singen,
Unten klappt der Deckelkrug,
Und die Gläser klingen.
Klipp, klapp! Wieder leer. Dreht den Hahn herum,
Bier her, Bier her, oder ich fall' um!

Dorfschulmeister lobesan
Sitzt beim Ochsentreiber,
Waldgesell beim Dorfkaplan,
Bauer bei dem Schreiber,
Handwerksbursche weitgereist
Sitzt beim Musketiere. —
Holde Eintracht, wie gedeihst
Du beim edlen Biere!
Klipp, klapp! Wieder leer. Dreht den Hahn herum,
Bier her, Bier her, oder ich fall' um!

Mädchenauge freundlich lacht,
Volle Wangen flammen,
Gott zum Gruss und Platz gemacht!
Gott, ihr rückt zusammen?
Wo es rinnt vom Zapfen frisch
Für die durst'gen Kehlen,
Darf am schaumbesprengten Tisch
Nicht der Spielmann fehlen.
Klipp, klapp! Wieder leer. Dreht den Hahn herum,
Bier her, Bier her, oder ich fall' um!

O du liebes Sonnenlicht,
Hast mich arg gequälet.
Doch der ist ein Bösewicht,
Der die Sonne schmähet.
Reifen machst du weit und breit
Gerstenfrucht und Hopfen,
Dir, o Sonne, sei geweiht
Dieser letzte Tropfen.
Klipp, klapp! Wieder leer. Dreht den Hahn herum,
Bier her, Bier her, oder ich fall' um!

Geht die Sonne niederwärts,
Läuft sie immer schneller,
Wie es drängt ein durstig Herz
Nach dem kühlen Keller.
Wo der Ozean ihr winkt,
Kehrt sie ein wahrscheinlich,
Dass sie über Wasser trinkt,
Das berührt mich peinlich.
Klipp, klapp! Wieder leer. Dreht den Hahn herum,
Bier her, Bier her, oder ich fall' um!

ETSCHTHAL

Grüne Rebenlauben
Winken mir zur Rast;
Dunkles Blut der Trauben
Bringt der Wirth dem Gast.
Ein gebräunter Bauer
Hält im Schatten Ruh,
Walsche Gassenhauer
Singt der Schelm dazu.

Nach dem Land der Franken
In die Stadt am Main
Führt mich der Gedanken
Wechselvoller Reih'n,
Wo im Gotteshage
Unter Gras und Laub
Ruht im Sarkophage
Eines Sängers Staub.

Der du einst im Leben
Mild den Vögelein
Weide hast gegeben,
Hebe deinen Stein,
Lenke deine Schritte
Nach dem Heimatland;
Deutsches Wort und Sitte
Ward daraus verbannt.

Deutscher Zucht und Treue
Klang dein schönstes Lied,
Eine uns aufs neue,
Was sich von uns schied.
Greife in die Saiten
Mit der Geisterhand,
Wolle neu erstreiten
Das verwaiste Land.

MONDNACHT.

Die Tannen im Traum sich wiegen
Und athmen harzigen Duft,
Lebendige Funken fliegen
Und kreisen in der Luft,
Der Mond hat Schleier gesponnen,
Von Süden weht der Föhn,
Und lauter rauschen die Bronnen. —
Die Nacht geht über die Höh'n.

Sie wandelt über die Matten
Und tränkt die Blumen mild
Und labt mit kühlen Schatten
Das müd gehetzte Wild.
Der Vögel Lieder schweigen,
Es schweigt der Heerden Getön,
Und Geister schweben im Reigen. —
Die Nacht geht über die Höh'n.

Wir haben mit harzigen Zweigen
Ein Feuer geschürt und gefacht
Und lassen ein Opfer steigen
Der milden Königin Nacht.
Seht ihr von oben winken
Ihr Antlitz sternenschön?
Schlaft wohl. Das Feuer will sinken.
Die Nacht geht über die Höh'n.

MADATSCHGLETSCHER.

Firnenschnee und graues Eis,
Himmelblaue Ränder. —
Raute, Gletscherweidenreis,
Edelweiss
Schmückt des Ferners Ränder.

In der starren Einsamkeit
Möcht' ich ernst mich fassen
Und als reifer Mann beizeit
Kurze Zeit
Meinen Leichtsinn lassen.

Doch dem Leichtsinn zieht der Firn
Leider keine Schranke.
Thorheit sitzt mir auf der Stirn,
    Und im Hirn
Spukt mir der Gedanke:

Meiner Erdensorgen Pein
Könnt' ich fort mir spülen.
Wäre der Champagnerwein
    Alle mein,
Den man hier kann kühlen.

LÖWENDENKMAL IN LUZERN.

Es blinkt durch Tannenzweige
Der Sonne lichter Strahl,
Dein Haupt, o Wandrer, neige!
Dich grüsst ein Heldenmal.

Umlegt von grünen Ranken
An stiller Wasserfluth,
Den Heerschild in den Pranken,
Ein Löwe schlafend ruht.

Die grimme Todeswunde
Im Herzen trägt der Lau;
Er giebt der Nachwelt Kunde
Von starker Mannestreu.

Die alten Bücher melden
Von Tell und Winkelried,
Die namenlosen Helden
Verherrlicht ein steinern Lied.

SCHIFFERLIED.

Wenn der junge Tag auf den Bergen steht
Und das Segeltuch sich im Frühwind bläht,
Wenn die Welle golden wallt um Kiel und Spriet,
Grüsst den See mein helles Morgenlied:
Ja, glückselig kann preisen sich der Mann,
Der die blaue Fluth als Braut gewann.

Wenn der Sonnenball in die Nacht sich senkt
Und sein Boot der müde Schiffer heimwärts lenkt,
Wenn der Heerde Feuer glüh'n den Strand entlang,
Schallt als Scheidegruss mein Abendsang:
Ja, glückselig kann preisen sich der Mann,
Der die blaue Fluth als Braut gewann.

Wenn die Wolkentraube schwarzblau niederhängt
Und das Wasser wirbelnd nach der Wolke drängt,
Wenn die Planken knarren und der Mastbaum stöhnt,
Hell in's Sturmgebraus mein Lied ertönt:
Ja, glückselig kann preisen sich der Mann,
Der die blaue Fluth als Braut gewann.

Wenn zur Hochzeitsfeier mich die Traute ruft
Und ich scheiden muss von der Himmelsluft,
Wenn mit nassen Armen mich die Braut umschlingt,
Leis wie Schwanensang mein Lied verklingt.
Ja, glückselig kann preisen sich der Mann,
Der die blaue Fluth als Braut gewann.

KOCHELSEE.

Ich zog auf steinigem Pfade
Und hielt am Bergsee an.
Am schilfigen Gestade
Lag ein bekränzter Kahn.
Drin sang das Kind des Fergen,
Ein Ruder in der Hand,
Und leuchtend über den Bergen
Die Maiensonne stand.

Im Spätjahr kam ich wieder;
Es war ein trüber Tag.
Kein Fischerkind sang Lieder,
Der Kahn im Trocknen lag.
Die Wetterwolken jagte
Der Herbstwind rauh und wild,
Und am Gestade ragte
Ein neues Marterbild.

JUNGFRAU.

Es schweigen Wälder und Flühen,
Die Erde athmet Ruh;
Ihr lustiges Grünen und Blühen
Deckt milde Dämmrung zu.
Es zieht an der Bergeshalde
Des Nebels silberner Duft;
Ein Glöcklein aus dem Walde
Zum Abendsegen ruft.

Es sitzt auf ragendem Throne
Ein hohes Frauenbild,
Der ewige Schnee ihre Krone
Und Eis ihr leuchtender Schild.
Rothgolden glüht die Firne
Im scheidenden Sonnenstrahl,
Die Mutter küsst die Stirne
Dem Kind zum letztenmal.

Die Sterne flimmern und wandern,
Du Stolze, schlaf in Ruh!
Mich treibt's zu einer Andern,
Die ist nicht kalt wie du.
Es ruft und lockt die Laute,
Es klirrt die Pforte leis —
Gegrüsset sei'st du Traute,
Mein schönes Edelweiss!

DIE KAPELLE.

Ein Kirchlein liegt in der Einsamkeit,
Trägt Moos auf den Altarstufen.
Der Heilige drinnen hat gute Zeit,
Wird selten angerufen.
Die Wanderschwalbe blau und weiss
Durchstreicht die verödeten Hallen.
Sie fliegt um das Gnadenbild im Kreis
Und lasst ihr Stimmlein erschallen:

„Im Thal, im Thal, wo das Kloster steht,
Die tönenden Glocken sich schwingen,
Die Kerzen flammen, der Weihrauch weht,
Die Mönche beten und singen,
Kaum mag der Heiligen goldener Schrein
Die Opfer der Gläubigen fassen. —
Du Armer stehst auf dem Altarstein
Von aller Welt verlassen."

Der Heilige spricht: „Ich stehe in Wind
Und Wetter dreihundert Jahre.
Nur selten kniet ein Hirtenkind
An meinem verlass'nen Altare.
Nicht Glocken schallen, nicht Weihrauch weht,
Nicht schimmern mir Lampen und Kerzen.
Doch steigt empor zu mir ein Gebet,
So weiss ich, es quillt aus dem Herzen.

ZUGERSEE.

Grün ist der Tannenbaum, blau ist der See;
Lieb' ist wie Wasserschaum und Märzenschnee.

Sagtest mir, dass du nie von der Treu' lässt,
So wie der Himmel die Sterne hält fest.

Aber ein Sternlein fiel in letzter Nacht,
Und an mein Herzgespiel hab' ich gedacht.

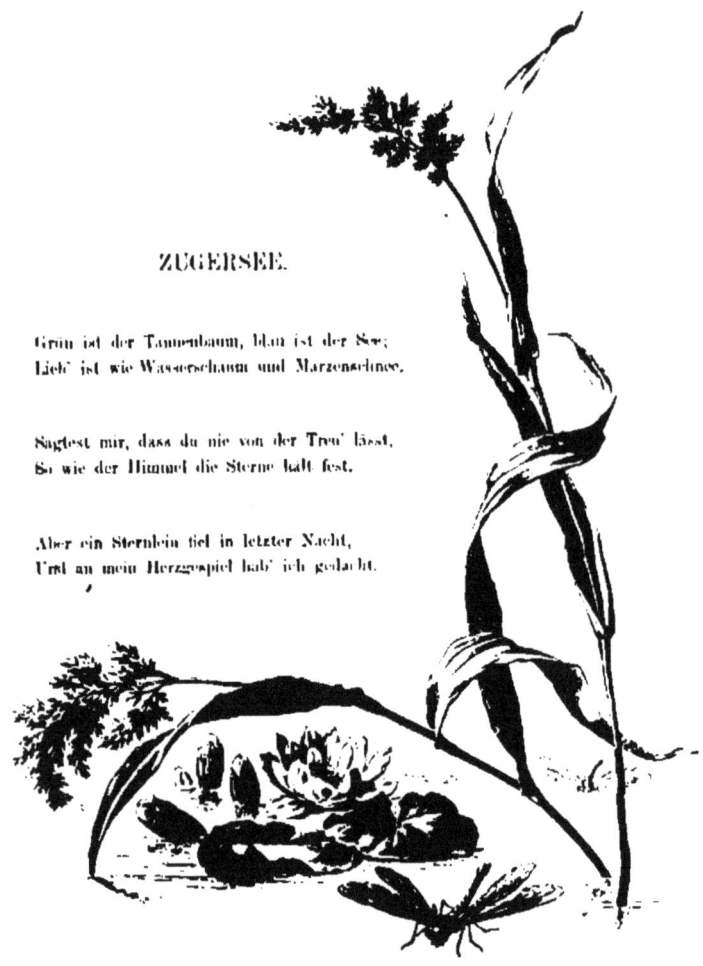

MISURINA-SEE.

Das war ein Tag, ein schwüler
Und eine wilde Jagd.
Sei mir gegrüsst du kühler,
Hellschimmernder Smaragd!
Kein Wogen und kein Schäumen,
Nein, spiegelglatte Fluth.
Hier will ich liegen und träumen
Und kühlen mein heisses Blut.

Zwei Stunden bin ich gelegen
An deinem schattigen Bord.
Nimm meinen Wandersegen,
Bevor ich ziehe fort:
Dass dich des Himmels Güte
Vor malenden Backfischlein
Und angeludon Briten behüte
Und Wirthen mit sauerem Wein.

WENN ICH ZWEI FLÜGEL HÄTT'!

Ein Schreiberlein am Berge stand;
Gar trüb war ihm zu Sinne.
Sein Auge blickte unverwandt
Zur schneegekrönten Zinne.
Ein Seufzer stieg aus seiner Brust
Empor zur Bergeskette.
„Ach", rief es, „welche Himmelslust,
Wenn ich zwei Flügel hätte.

Es trüge mich der Flügelschlag
Zur höchsten aller Spitzen.
Ich thät' den ganzen Nachmittag
Vergnüglich droben sitzen.
Ich schaute auf das Felsenmeer
Mit Augen hell und munter,
Und wenn ich Abends müde wär',
So flög' ich wieder 'runter."

Da kroch ein Männlein ellengross
Aus einer Felsenspalten.
Sein Bart war grau wie Lärchenmoos,
Sein Antlitz voller Falten.
Es wies empor zur Wand von Stein,
Nach Gletscher und nach Firne
Und tippte mit dem Fingerlein
Bedeutsam auf die Stirne.

Und zu dem Schreiber sprach der Wicht:
„Hör', merke dir das Eine:
Du bist einmal kein Vogel nicht,
Drum brauche deine Beine
Und mache dir das Herz nicht schwer
Mit Hoffen und mit Harren. —
Es wachsen Flügel nimmermehr
An einem solchen Narren."

NAGELSCHMIEDE.

Es rauscht das Rad, es braust das Wehr;
Hier rasten wir im Riede.
Ich melde euch die Schauermär
Vom Kobold in der Schmiede.
Das war ein ellenhoher Wicht
Mit fratzenhaftem Angesicht,
Der Schrecken und das Grauen
Der Männer und der Frauen.

Er ritt die Kuh zum Zeitvertreib
Und trank aus Napf und Kannen.
Kein Wurzelmann, kein Kräuterweib
Vermochte ihn zu bannen.
Der Pater kam mit Kreuz und Buch,
Ging ihm zu Leib mit kräft'gem Spruch;
Da wies der freche Junge
Dem frommen Mann die Zunge.

Verzweifelt war der Meister schwer,
Doch schliesslich blieb er Sieger,
Er kaufte Tinte und Papier
Und schrieb an seine Schwieger.
Und als die Schwiegermutter kam
Der Kobold schleunig Abschied nahm
Und ist, wie ich vernommen,
Auch nimmer wieder kommen.

DER GEBIRGSBACH.

Willkommen Bächlein frei und frank,
Du rieselndes Geäder!
Füll' mir mit deinem Lautertrank
Das Becherlein von Leder.
    Frosch, Platz gemacht!
    Und gieb fein Acht
Und trübe nicht die Wellen.
    O kühles Nass!
    Aus keinem Fass
Kann solche Labe quellen.

Ach Bächlein, lange währt nicht mehr
Das Springen und das Singen.
Bald werden sie mit Damm und Wehr
Zu harter Frohn dich zwingen
    Musst früh und spat
    Das Schaufelrad
Umtreiben an der Mühlen
    Und blank und rein
    Geschirr und Lein
Den Bauerndirnen spulen.

„Drum", spricht das Bächlein, „mit Bedacht
Hab' ich aus meinem Heime
Mir bunte Blumen mitgebracht
Und Samen, Kern' und Keime,
    Gedenkemein
    Und Akeleyn,
Steinbrech und Männertreue,
    Auf dass ich recht
    Als Mühlenknecht
An ihrer Pracht mich freue."

So sprach der Bach und eilte fort
Mit Schäumen und mit Tosen.
Ich aber brach an seinem Bord
Gedenkemein und Rosen.
    Will Blumenduft
    Und Bergesluft
In meine Klause bringen
    Und will daheim
    Mit Lied und Reim
Der Berge Zauber singen.

ORTLER.

Aller Sorgen, aller Pein
Hab' ich mich entschlagen
Und mein Glück im Herzensschrein
Auf den Berg getragen.
    Rings herum
    Alles stumm,
Nur im Nebelwehen
Jagen sich die Krähen.

Berggeist tausend Jahre alt
Mit dem Bart dem grauen,
Steig' aus deinem Gletscherspalt:
Will dir was vertrauen.
    Rath' einmal,
    Wer im Thal
Mir den kirschenrothen
Mund zum Kuss geboten.

Krach! des Alten Antwort schallt,
Schnee und Steine rollen,
Und der Ferner wiederhallt
Von des Donners Grollen.
  Schlechter Scherz. —
  Schweig' mein Herz!
Denn die Geister droben
Zählen zu den groben.

AN DER WALDGRENZE.

Wir sind die letzten des Riesengeschlechts,
Die Brüder sanken und starben.
Wir tragen die Spuren des Wettergefechts,
Frisch blutende Wunden und Narben.
Wir trotzen den Stürmen und klammern uns fest
Und schmücken uns freudig im Lenze;
Die Kronen gebrochen, geknickt das Geäst,
Verlorene Wacht an der Grenze.

Und wenn die Schlaglawine brüllt
Und stürzt sich über die Halde,
Dann singen wir in Schnee gehüllt
Das Lied vom sterbenden Walde.
Wir loben der Berge mächtigen Herrn,
Wenn uns sein Sturm umwettert,
Wir sinken zu Thal und sterben gern
Von seiner Hand zerschmettert.

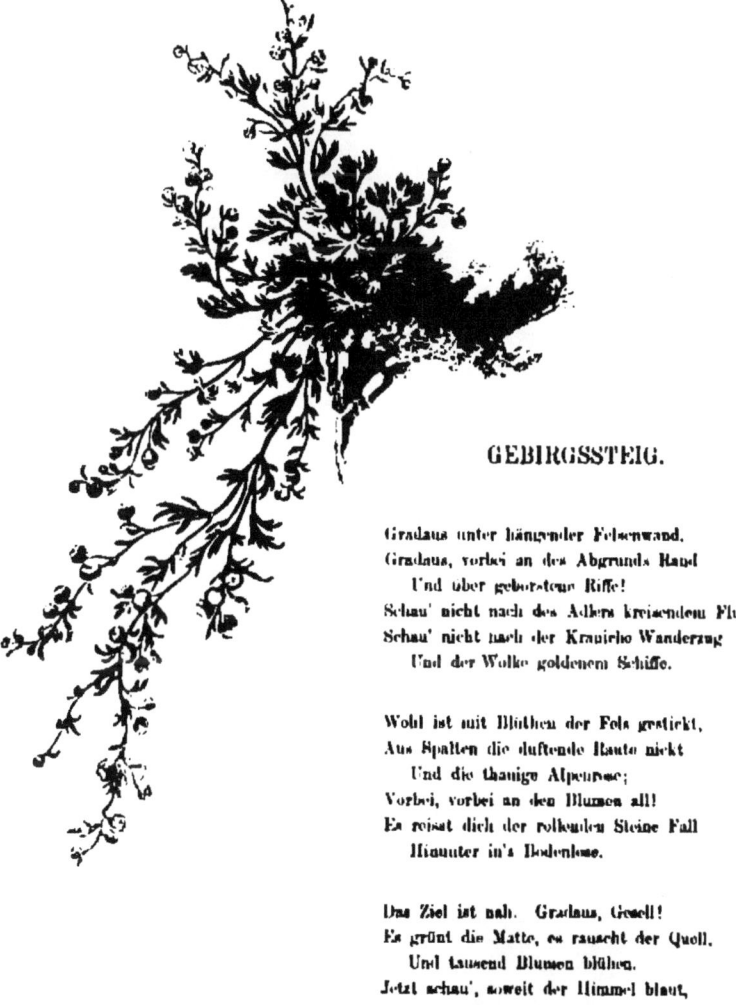

GEBIRGSSTEIG.

Gradaus unter hängender Felsenwand,
Gradaus, vorbei an des Abgrunds Rand
    Und über geborstene Riffe!
Schau' nicht nach des Adlers kreisendem Flug,
Schau' nicht nach der Kraniche Wanderzug
    Und der Wolke goldenem Schiffe.

Wohl ist mit Blüthen der Fels gestickt,
Aus Spalten die duftende Raute nickt
    Und die thauige Alpenrose;
Vorbei, vorbei an den Blumen all!
Es reisst dich der rollenden Steine Fall
    Hinunter in's Bodenlose.

Das Ziel ist nah. Gradaus, Gesell!
Es grünt die Matte, es rauscht der Quell.
    Und tausend Blumen blühen.
Jetzt schau', soweit der Himmel blaut,
Und schwing' den Hut und jauchze laut
    Ins rothe Morgenglühen!

SEEFAHRT.

Hör' auf deinen Fahrgesellen
Schöne, schlanke Maid;
Tauch' die Hand nicht in die Wellen,
Sonst geschieht dir Leid.

Plötzlich aus des Sees Wogen
Langt der Wassermann,
Und du bist hinabgezogen,
Eh' ich's wehren kann.

Wassermann ist tausend Jahre
Und darüber alt.
Wassermann hat grüne Haare,
Fischblut eisig kalt.

Besser zu der schlanken Dirne
Passt ein junges Blut,
Dem umwallt die frohe Stirne
Braune Lockenfluth.

Hör' auf deinen Fahrgesellen,
Treulich räth' er dir:
Tauch' die Hand nicht in die Wellen,
Gieb sie lieber mir.

LAGO MAGGIORE.

Schwarzblau die Wolken sich ballen,
Verhüllen der Sonne Gold.
Es schweigen die Nachtigallen.
Und ferner Donner grollt.
Noch wenig Ruderschläge,
So landet der leichte Kahn,
Und auf gewund'nem Wege
Eilt rasch der Fuss bergan.

Lichtgrüne Ranken schlingen
Sich um den Lorbeerstrauch,
Und fremde Blumen bringen
Betäubenden Opferrauch.
Hier hebt zum Tanz die Fusse
Der laubumkränzte Faun,
Und droben winkt mir Grüsse
Die schönste aller Frau'n.

Und wie ich weiter schreite,
Da steht mit Helm und Schild,
Die Eule an der Seite,
Der klugen Pallas Bild.
Und nach des Sees Wellen
Hinüber zeigt die Hand,
Und weise Worte entquellen
Der Marmorlippen Rand:

„Das ist kein Weiher im Norden,
Bekränzt von Erlengrün,
An dessen sanften Borden
Die blauen Blümlein blüh'n.
Wohl locken seine Wogen
Mit süssem Schmeichellaut,
Der aber ist betrogen,
Der seinen Wassern traut."

GEBIRGSDORF.

Drei Monden Sommer, neun Monden Schnee,
Ein Gott, ein Dach, zwei Greisen. —
Die Menschen sterben vor Heimatweh,
Wenn in die Fremde sie reisen.

Ein Kirchtag und ein Fastnachtstanz
Und jährlich dreimal Schlachten,
Ein volles Fass zum Erntekranz
Und Weizenbrot Weihnachten.

Die Greise rühmen die alte Zeit,
Die Mädchen küssen die Knaben,
Es wird geworben und gefreit,
Geboren, gestorben, begraben.

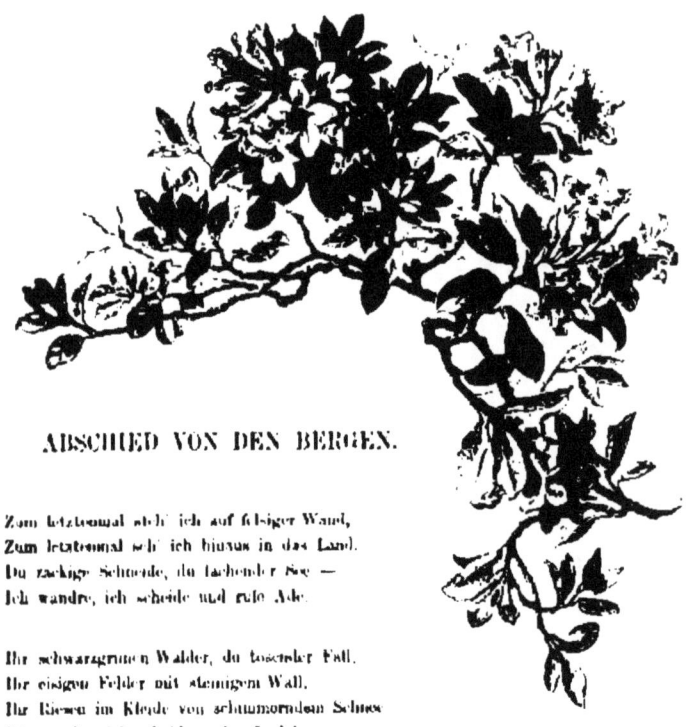

ABSCHIED VON DEN BERGEN.

Zum letztenmal steh' ich auf felsiger Wand,
Zum letztenmal seh' ich hinaus in das Land.
Du zackige Schneide, du lachender See —
Ich wandre, ich scheide und rufe Ade.

Ihr schwarzgrünen Wälder, du tosender Fall,
Ihr eisigen Felder mit steinigem Wall,
Ihr Riesen im Kleide von schimmerndem Schnee
Ich wandre, ich scheide und rufe Ade.

Ihr Lüfte, ihr weichen, du brausender Föhn,
Ihr flammenden Zeichen auf nächtlichen Höh'n,
Du frohes Gejaide auf Gemsn und Reh —
Ich wandre, ich scheide und rufe Ade.

Ihr Hütten im Kühlen mit moosigem Dach,
Ihr gastlichen Mühlen am rauschenden Bach,
Du grünende Weide voll Blumen und Klee —
Ich wandre, ich scheide und rufe Ade.

Den Wanderhut schwenk' ich nach Scheidender Art
Und allzeit gedenk' ich der fröhlichen Fahrt,
In Freude, in Leide, in Wonne, in Weh —
Ich wandre, ich scheide und rufe Ade.

WINTER.

Schneewittchen ruht im Sarge
Mit Linnen zugedeckt.
Es hat die neidische, arge
Stiefmutter sie hingestreckt.
Die schmückt mit Edelgesteine
Ihr Hermelingewand.
„Nun herrsche ich alleine
Als schönste im ganzen Land."

Die Hecken schneebeladen
Durchstreift ein Wichtlein braun;
Das ist von Gottes Gnaden
Das Königlein im Zaun.
Es hat nicht Land und Krone,
Es leidet bittre Noth,
Doch singt's der Kälte zum Hohne:
„Schneewittchen ist nicht todt."

Es kommt ein stolzer Freier
In sonnenlichtem Kleid,
Der hebt den Todtenschleier
Und weckt die schlafende Maid.
Dann ruft's in allen Landen
Der bösen Königin zu:
„Schneewittchen ist auferstanden
Und tausendmal schöner als du."